LA NIÑA QUE SOÑABA CON TAMBORES

De cómo el valor de una niña cambió la música

Margarita Engle
Ganadora del premio de honor Newbery

Ilustraciones de
Rafael López

Traducción de
Alexis Romay

CLARION BOOKS
Un sello de HarperCollinsPublishers

En una isla musical,

en una ciudad donde sonaban las congas,

la niña que soñaba con tambores

soñaba

con tocar enormes tumbadoras,

con hacer repicar pequeños bongós

y con el *quimbara cumbara*

de largas baquetas

al retumbar en unos timbales

grandes, redondos y plateados

con el brillo de la luna.

Pero todo el mundo

en la isla musical,

en la ciudad donde sonaban las congas,

creía que solo los niños

tenían permiso

para tocar las tumbadoras,

así que la niña que soñaba con tambores

tuvo que seguir soñando

sus sueños

tranquilos

y secretos

en los que sonaban las congas.

En los cafés al aire libre que parecían jardines,

escuchaba los tambores

que eran tocados por hombres,

pero al cerrar los ojos

también escuchaba

su propia música

imaginaria.

Al caminar bajo la sombra

de las palmas mecidas por el viento

en un parque florido,

escuchaba el batir de alas

de las cotorras,

el repiquetear de los picos

de los pájaros carpinteros,

el taconeo

de sus propias pisadas

y el reconfortante latido

de su propio

corazón.

En los carnavales, escuchaba

el ritmo alegre

de los altísimos bailadores

que caminaban sobre zancos

y el sonido metálico del dragón
que hacían los percusionistas
que llevaban puestas
esas máscaras gigantescas.

En casa, las yemas de sus dedos
tamborileaban sus propios
ritmos soñadores
sobre las mesas y las sillas...

y a pesar de que todos le recordaban
una y otra vez que las niñas
en la isla musical
nunca habían tocado las congas,

la valiente niña que soñaba con tambores
se atrevió a tocar
enormes tumbadoras,
pequeños bongós
y timbales grandes, redondos y plateados
con el brillo de la luna.

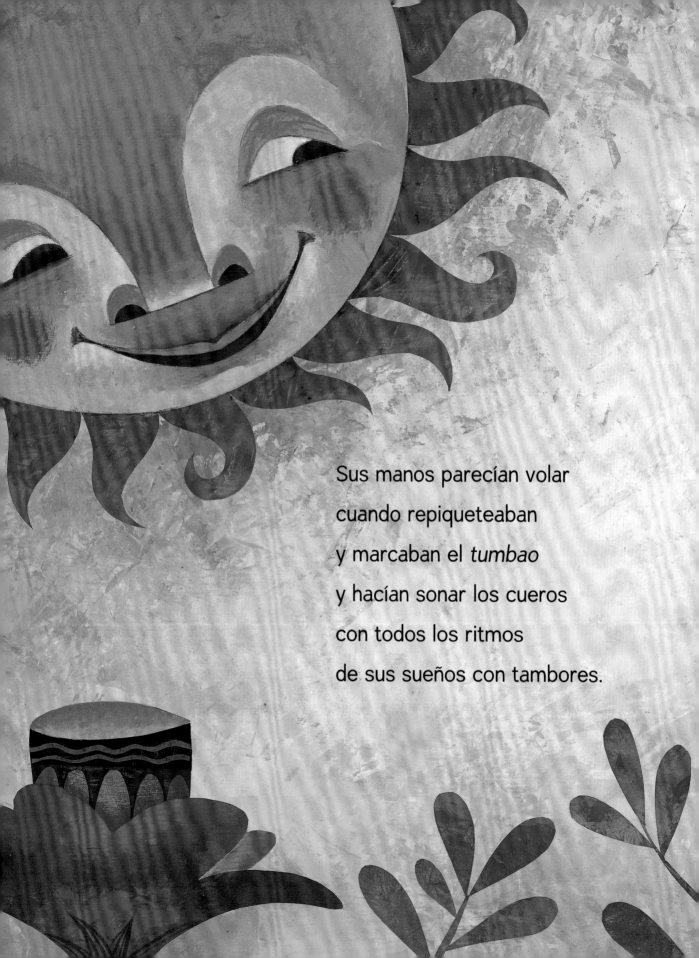

Sus manos parecían volar
cuando repiqueteaban
y marcaban el *tumbao*
y hacían sonar los cueros
con todos los ritmos
de sus sueños con tambores.

Sus hermanas mayores
estaban tan emocionadas
que la invitaron a que se les uniera
a su nueva orquesta de baile
formada exclusivamente por mujeres,

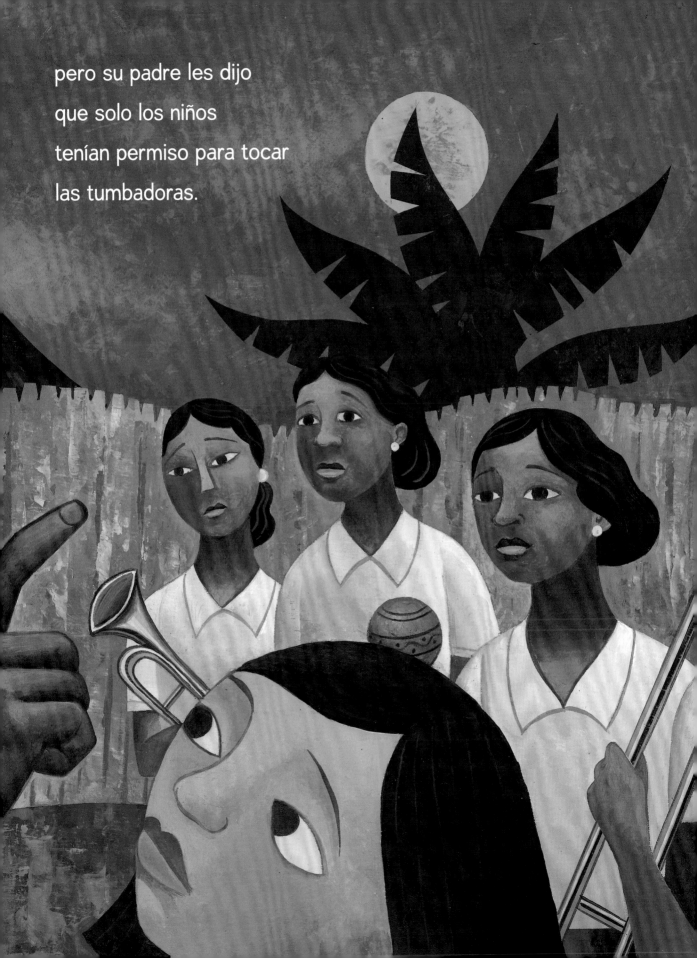

pero su padre les dijo
que solo los niños
tenían permiso para tocar
las tumbadoras.

Así que la niña que soñaba con tambores
tuvo que seguir con sus sueños
mientras tocaba las congas
sola,

hasta que, por fin,

su padre le ofreció

encontrarle un maestro de música

que decidiría si sus tambores

merecían la pena

ser escuchados.

El maestro de la niña que soñaba

con tambores

se quedó maravillado.

La niña sabía muchísimo,

pero él le enseñó más

y más

y más

y ella ensayó
y ensayó
y ensayó,

hasta que el maestro estuvo de acuerdo
en que estaba lista
para tocar sus pequeños bongós
en cafés al aire libre que parecían jardines
iluminados por la luz de las estrellas,

en donde quienes escucharon

su música resplandeciente

cantaron

y bailaron

y decidieron

que las niñas siempre

deberían tener permiso para tocar

los tambores

y que tanto las niñas

como los niños

deberían ser libres

para soñar.

A mis nietos —M. E.

A Pillo, mi madre arquitecta, cuyo valor abrió el techo
para que volaran sus sueños —R. L.

A mi hijo, Milo Romay, que toca el piano y el clarinete.
Y un día tocará las congas. —A. R.

Agradecimientos

Doy gracias a Dios por los sueños creativos. Tengo una deuda de gratitud con la autobiografía *The Amazing Adventures of Cuba's First All-Girl Band* (*Las maravillosas aventuras de la primera orquesta de mujeres en Cuba*), escrita por Alicia Castro, la hermana de Millo, en colaboración con Ingrid Kummels y Manfred Schäfer (Atlantic Books, Londres, 2002). Extiendo un agradecimiento especial a mi familia, a mis editoras Reka Simonsen y Jeannette Larson, a la diseñadora Elizabeth Tardiff y a todo el equipo editorial de Houghton Mifflin Harcourt. —M. E.

Margarita Engle es la autora cubanoamericana de muchos libros, entre los que se incluyen *Aire encantado*, *Manos que bailan* y *El árbol de la rendición*, ganador del Honor Newbery. Engle sirvió como Poeta Laureada de los Jóvenes desde 2017 hasta 2019. Otros galardones que ha recibido incluyen Medallas Pura Belpré, el Premio Golden Kite, Honores Walter, Premios Américas, el Premio Jane Addams, el Premio PEN USA y el Premio NSK Neustadt.

Margarita nació en Los Ángeles, pero desarrolló un profundo apego a la tierra natal de su madre durante los veranos de su infancia que pasaba con sus parientes en la isla. Estudió agronomía y botánica, además de escritura creativa, y ahora vive en el centro de California con su marido y un border collie que juega al fútbol. Visítala en margaritaengle.com.

Rafael López nació y creció en México, un lugar que ha influenciado los colores vívidos que dan forma a su arte. Ahora crea proyectos de murales comunitarios por todo el mundo e ilustra aclamados libros infantiles, entre los que se encuentran *The Day You Begin*, *Tito Puente: Mambo King / Tito Puente: Rey del mambo*, *Dancing Hands* y *Maybe Something Beautiful*. Rafael divide su tiempo entre México y California. Visítalo en rafaellopez.com.

Alexis Romay es autor del poemario *Los culpables* y las novelas *Salidas de emergencia* y *La apertura cubana*; ha traducido "Yo tengo un sueño" —el emblemático discurso de Dr. Martin Luther King, Jr.—, más de una docena de novelas de Margarita Engle, así como novelas de Ana Veciana-Suarez, Stuart Gibbs, Meg Medina, Adrianna Cuevas, Jason Reynolds, Miguel Correa Mujica y más de sesenta libros ilustrados. Vive en Nueva Jersey con su familia. Visítalo en linktr.ee/aromay.

A las niñas no se les permite ser percusionistas.

Hace mucho tiempo, en una isla llena de música y ritmo, nadie había cuestionado esa regla... hasta que lo hizo la niña que soñaba con tambores. Ella anhelaba tocar enormes tumbadoras y hacer repicar pequeños bongós y unos timbales grandes, redondos y plateados con el brillo de la luna. Tuvo que mantener su sueño en silencio. Tuvo que ensayar en secreto. Pero cuando por fin su música fue escuchada, todos cantaron y bailaron y decidieron que los niños y las niñas siempre deberían ser libres para tocar los tambores y para soñar.

Basado en la infancia de una niña chino-afro-cubana que rompió el tabú tradicional en Cuba en contra de las mujeres percusionistas, *La niña que soñaba con tambores* cuenta una historia que inspirará a soñadores de todos los confines.

HarperCollins*Español*
Clarion Books
Un sello de HarperCollinsPublishers

Edades: 4 a 8
Arte de la cubierta © 2015 por Rafael López
Traducido por Alexis Romay

harpercollinschildrens.com